(l)ebwohl
raimo d. nagel

vorwort??

& war es nie so geplant:
ein corpus aus wortpartikeln,
amorph, autodestruktiv: ein
schwaches veto gegen struktur.

nichts haelt und nichts bleibt.
(l) - achte den klang des
buchstabens.
die poesie hat sich nie
wirklich materialisiert, sie
hat sich emaniert: ein
sprachliches phaenomen, dass
sich seiner ursprungslosigkeit
bewusst ist.

diese zeilen gehoeren mir
& doch gehoeren sie dir.

ohne namen,
    ohne zahl.

    ein kuss auf die schulter,
        sie bleibt.

    und ich gehe.

blut und honig.

wir mischen,
aber trinken nicht.

ein kuss, in zwei teile gebrochen.
ich trage einen.

den anderen findest du nie.

wir flogen.

dann fielen wir.

erde.

und fanden keine erde.

kalt
du bist kalt.

ich schreibe es auf:
    du bist kalt.

12345

ich zaehle dir die male,
die du mir gefehlt hast.

die reihe endet nicht.

|
ich stellte mir vor,
dein name waere ein baum.
dann faellte ich ihn.
|

ist der grund,
rne nicht mehr scheinen.
halten inne,
h zu betrachten. du bist der grund,
warum die sterne nicht mehr scheinen.
der grund, sie halten inne,
nicht mehr scheine betrachten.
du bist der grund,
lten inne, du bist der g
arum die sterne nicht mehr scheinen.
u betrachten. warum die sterne nicht
du bist der halten inne,
sie halten i
ie sterne nicht zu mehr scheinen.
um dich zu betr
sie halten inne, du bist der grund,
um dich zu betrachten. ne nicht mehr sch
bist der grund, sie halten inne,
erne nicht mehr scheinen. um dich zu betrachten.
e halten inne, du bist der grund
ch zu betrachten. warum die sterne nicht meh
grund,
ht mehr scheinen. sie halten inne
inne, um dich zu betrach
trachten.

du bist eine gleichung,
die ich nie loesen werde.

ich kann kein mathe.

AAAAAAAAAAAAAAAAAAAAAAAAAAAAAAAAAAAAAAAAAAAAAAA
AAAAAAAAAAAAAAAAAAAAAAAAAAAAAAAAAAAAAAAAAAAAAAA
AAAAAAAAAAAAAAAAAAAAAAAAAAAAAAAAAAAAAAAAAAAAAAA

ein schrei

der bruch, er kam nicht aus
einem augenblick, nicht aus
einer situation, in der das
atmen stockte, um dann -
wie es der bildgewohnte gang
erwartet - einfach weiterzu-
lesen.

nein, der bruch war nicht der
schritt nach vorn, sondern
das fehlende vorruecken, der
stillstand des momentums, das
sich, fast unsichtbar, in eine
andere richtung verschob,
bevor du es bemerken konntest.

kein knall, kein unklang,

    keine
    unterbrechung
    der
    stille

    ,

    sondern
    ein vibrieren
    , das sich schleichend aus-
breitete, bis es alles war, was du
nicht verstehen kannst, was du nie
verstanden hast, was dir nie zugaeng-
lich war, weil es nicht zugaenglich

                sein
                kann.

      der bruch ist nicht da,
        wo du ihn suchst.

wir haben das ende
nicht vorhergesehen.

wir haben es nicht einmal
entworfen.

es gibt keinen plan, keinen bau-
plan, keine klaren linien (in ihm).
und doch: es war immer da...

immer da in der bedeutung von un-
bestimmt, von unvorhersehbar, im
unaufhaltbaren fliessen dessen,
was im unscheinbaren verschwindet,
aber doch ist, auch wenn du es

nicht greifen

kannst, weil das greifbare zu einem
gefuehl wurde, das du nie hattest.

was du vor dem bruch lasest (??)
war keine vorschau, kein vorspiel
fuer etwas anderes.
es war der bruch.
du hast mit ihm begonnen.

du hast die linie ueber den rand der

v e r t r a u t h e i t

hinweg-

genommen. jetzt wirst du weitergehen.
du beginnst zu entkoppeln, dich zu

ll oo ee ss ee nn (das bekannte zu
hinterfragen), ohne es zu fassen.

eine leere seite.

(um das gelesene
aus seinem denkfaden
zu entwirken)

atemschichtbruch

& keine luft

                    jag den himmel
                    jag den himmel

kein grund

        keine grenze

    schnapp die sterne
    mit zaehnen aus der luft & dann:
    krall dich an nichts.

+

\-

und das wetter sagte nichts.
          es war nicht warm,
°C   es war nicht kalt,
          es war einfach so.

schicht schicht schicht
um schicht um schicht um schicht

was war drunter?

nichts...

```
klangpunkt rhythmenlicht
schimmer         flucht
knoten           schrift

::::::::::::::::::::::::
du liest dich falsch
und weißt das.
```

liebe l,

es gaebe noch ein paar dinge
zu sagen.

in liebe,
r

(

diese klammer endet nie

rieftauben ohne nachricht.
sie fliegen im kreis.
jedes feder(weiß)
nichts von der himmelsrichtung.

```
-> dreht sich der wind

                              gegen
                              die
                              stimmung


verschluckt er die flammen.

deine blumen kommen nie an.
sie bleiben wortlos
auf der matratze




liegen.
```

(die klammer)
nun, in diesem moment, ist nichts we
iter als eine stilistische manifestat
ion, ei
n aesthetisches element, das sich ue
b
er das strukturale hinaussetzt, ein
punkt, den ich setze, um das durch di
e form angedeutete verstehen zu verfl
uechtigen.

die () ist ein symbol der leere, etwa
s, das in seiner oberflaeche die illu
sion einer ordnung suggeriert -
waehrend sie tief in sich traegt,
eine unendliche abwesenheit.

danach

doch ist die klammer nicht neu,
sie ist ein altes werkzeug,
das ich in dieser anthologie
bereits
mehrfach eingesetzt habe,
um raender zu ziehen, um ein un-
sichtbares netz zu weben, um den
text mit einer gewissen vagen
komposition zu versehen,
ie nie das gewohnte mass findet.

zuerst

hier, in diesem moment,
gehe ich nicht von einem inhalt aus,
sondern von einer intention der ver-
weigerung, der form nachzugeben, um
den blick des lesers zu fangen, um
eine geschlossene wahl
vorzutaeuschen, waehrend das inhalt-
iche noch immer in offener bedeutung
schwebt.

sie ist der zugang zu dem
nicht-gesagten,
der verweigerte kommentar,
der sich in den unscheinbaren luecken
versteckt und in den randzonen ge-
lebte wahrheiten hinterfragt.

in ihr liegt der zwischenraum,
etwas, das dem leser die er-
loesung verweigert,
weil das gesichtete nie das ganze ist

und doch, ich bekenne,
ich habe sie zuvor geoeffnet, mit
der erklaerung, sie nie wieder zu
schliessen.

ich habe nicht die absicht,
eine wahrheit zu praesentieren.

du hast mich
auf die seite des regen gesetzt,
und ich sitze hier,
zwischen tropfen
und frage mich, ob du
irgendwann zwischen den regen-
tropfen ein wort fuer mich findest,
oder nur den himmel, der uns beide
durch die wolken   zerrt.

(ich wu   erde mir e   inen
vogel sc   hn   appe   n, ihm
ein bisschen   li   cht in den
schnabel stopfen und hoffen, er
fliegt zu dir, aber ich habe nur
meine haende und die bleiben leer.)

und da sind wir, zwei verschwommene
konturen im licht, das durch den
riss des fensters kriecht, haende,
die nicht wissen, ob sie sich be-
ruehren sollen, oder ob sie sich
nur als ahnung begehren.
die stille zwischen uns -
nicht wirklich ein leerer raum,
sondern das flimmer   n von
allem, was noch ni   cht aus-
gesprochen wu   rd e, a   lles, wa
du sagst   , ist   mir ein
bruch,   der meh   r wird, als
nur der r   au   m zwischen
worten.

will ich dich kuessen?
werd ich dich fragen?
es ist seltsam, dieses wissen,
dass wir beide, im moment der naehe
nur der beginn von etwas sind, das
sich durch uns hindurchwindet wie
ein fluss ohne quellen.

einen noch bitte, nur einen noch
(bevor du gehst (fuer heute)).

blumen
kaufst du sie ihr,
oder laesst du die zeit ihnen
entgegegen wehen, unberuehrt,
zuviel?

und ich frage mich
wie nah wir uns
wirklich sind.

kaufst du?
die knospen

oder laesst du
sie welken...

ewigkeit ist nur ein

VORWAND

                um das JETZT
                zu verkaufen...

ich glaube an
nichts, denn
nichts
verlangt keine
opfer.

kein kreuz
traegt meine
schuld, keine
gebete fesseln
meine zunge.

sie verkaufen   gott im exil.
dein grab als
ferienort.

fluegel brechen leichter als
traueme / flieg und schneide
dich an der luft

willst du das auch?

pri

vat

mein nagellack ist schwarz,
wir reiben ihn fort:

t r a e n e n f l u e s s i g
duenn wie luft.

& der wind spielt mit
deinen haaren & dir & mir.

          im kleinen haus,
          das keine stuehle duldet:

spielplatzgeister lachen,
ihr glockenheller spott weht ueber
uns hinweg:

wir sind zu alt fuer sie & doch
zu jung, um nicht zu hoffen.

5 mit dir

so gerne waere ich ein rad am wagen
deiner kindheit, mein rad nicht das
fuenfte, aber der fuenfte sommer.

5
fuenf. fuenf wie der fuenfte finger
den wir zusammen brechen koennten,
nicht aus schmerz, aus neugier,
wie man heilt.

die welt nicht als das,
was sie ist, sondern als das,
was sie sein koennte, nehmen.
du: prinzessin
ich: ritter

aber ohne die muehe zu kaempfen.

ich will die sorge sein, die ich
damals hatte: wie viel sternen-
schnuppen passen in einen himmel?

5 mit dir

und wir waeren zu 2.

meine schuhe sind angekommen

wohin laufe ich,
wenn nicht zu dir?

auf dem museumsdach

(l)eb

wohl

Zeitfracht Medien GmbH
Ferdinand-Jühlke-Straße 7
99095 Erfurt, Deutschland
produktsicherheit@kolibri360.de